CONSULTATION

POUR

LES HÉRITIERS

DE MADAME DE LOYAC.

A BORDEAUX,
CHEZ ANDRÉ RACLE, IMPRIMEUR DU ROI ET DE LA MAIRIE,
RUE SAINTE-CATHERINE, N°. 74.

1818.

CONSULTATION.

TESTAMENT DE M. DE LOYAC.

« Au nom du Père, et du Fils, et du Saint-Esprit, *amen.*

» Aujourd'hui, neuf Juin mil sept cent quatre-vingt-dix,
» moi Laurent de Loyac, conseiller au parlement de Bor-
» deaux, ai fait mon testament comme il suit :

» Premièrement, je recommande mon ame à Dieu, le
» priant, par le mérite de Notre-Seigneur Jésus-Christ, son
» fils, et l'intercession de la Vierge Marie et de tous les
» Saints, de la recevoir dans son paradis.

» Quant au lieu de ma sépulture, il sera celui où seront
» ensevelis les catholiques Romains de la paroisse dans la-
» quelle je serai décédé. Je prohibe tous les honneurs fu-
» nèbres.

» Je déclare avoir été uni en mariage, le 23 Mars 1768,

» avec dame Marie-Élisabeth de Raigniac, dont je n'ai point
» eu d'enfants. Pour reconnoître la sage administration et
» les services que ladite dame n'a cessé de me rendre depuis
» que je suis avec elle, de la preuve desquels je la relève, je
» lui donne la propriété de tous mes biens acquêts, meubles
» ou censés meubles, entendant comprendre, sous la déno-
» mination de *meubles*, tout ce dont la loi me permet de
» disposer ; priant ceux qui auront à prononcer sur le présent
» testament, de donner audit mot *meubles* l'acception la plus
» favorable aux intérêts de madite épouse.

» Je dispense madite épouse de faire un inventaire public,
» et veux que mon héritier se contente de l'état sous seing
» privé qui sera fait par madite épouse, lequel sera plus
» exact que tout autre qui seroit fait par un autre.

» Je laisse à Clément Leude, mon bouvier, s'il est à mon
» service lors de mon décès, ainsi qu'à Antoine Croizet, mon
» valet de Beauval, s'il est à mon service lors de ma mort,
» à chacun cent cinquante livres de pension viagère, laquelle
» leur sera payée par madite épouse, sa vie durant, ou par
» mon héritier, à son défaut.

» Je laisse à madite chère épouse la jouissance de tous mes
» biens immeubles pendant toute sa vie.

» J'ai reçu, pour la dot de madite épouse, la somme de
» soixante-dix-huit mille livres, laquelle sera payée, après la
» mort de ladite dame, à son hérédité, par mon héritier ci-
» après nommé, ou par celui qui sera alors nanti de mon
» hérédité.

» Messire Jean-Joseph de Loyac, mon aïeul, reçut pour
» la dot de Mme. Anne de Penel, sa femme, la somme de
» trente-six mille livres, ainsi qu'il résulte d'une transaction
» passée le 13 Février 1699, entre mondit aïeul et M. de
» Secondat, retenue par Lemoine, notaire. Je nomme, pour
» recueillir ladite somme de trente-six mille livres, M. de
» Secondat, fils de l'auteur de *l'Esprit des lois*, lequel je
» nomme et institue, quant à ce, mon héritier particulier, à
» la charge par lui de respecter le legs d'usufruit que j'ai fait
» en faveur de madite épouse, à peine de révocation du pré-
» sent legat ; auquel cas, ladite institution se borneroit à cinq
» sols et une bourse. Je lègue à Mme. de Secondat, d'Agen,
» la sœur de mondit sieur de Secondat, cinq sols et une
» bourse, en quoi je l'institue mon héritière particulière.
» Dans le cas où M. de Secondat, auquel j'ai légué la somme
» de trente-six mille livres, n'auroit voulu ou pu accepter le
» présent legat, ou en auroit été déchu en querellant le legs
» d'usufruit fait à madite épouse, auxdits cas, ledit legs pas-
» sera à madite dame de Secondat, aux mêmes peines et con-
» ditions, et ladite révocation ayant eu lieu, faute par ladite
» dame de s'être conformée à mes intentions, je donne à
» madite épouse le tiers de ladite somme de trente-six mille
» livres en toute propriété et usufruit, et le reste à qui il
» appartiendra, c'est-à-dire, aux parents les plus près du
» chef de ladite dame de Penel.

» Quant à l'hérédité de Mme. Catherine de Branne, ma
» mère, ses droits ne s'élèvent qu'à cinquante mille livres,
» parce que M. de Branne, mon oncle, refusa de se prêter
» à la justice des demandes que lui fit ma mère pour un sup-

» plément de légitime. Madite mère a de plus reçu une somme
» de douze mille livres, qu'elle a eue de la succession de M.
» Gaillard, laquelle somme elle m'a dit souvent avoir con-
» vertie en argenterie, qui s'est trouvée à son décès.

» Elle acquit, en Février en 1748, le bien que je possède
» dans la palu de Monferrand, pour une somme de quatre-
» vingt-dix mille livres, sans y comprendre les loyaux-coûts :
» le tout fut payé à peu près comptant; mais pour payer
» cette somme de plus de cent mille livres, elle fut obligée
» de prendre des sommes de l'hérédité de mon père, qui
» avoit vendu un bien au Puch de Gensac, et des maisons
» situées rue Leyteire, provenant de l'hérédité de M. de
» Pelun; en sorte que le bien appartenoit en grande partie à
» la succession de mon père, puisque ma mère n'avoit à elle
» que cinquante mille livres, et que mon père n'avoit fait
» aucun acquêt, et avoit vendu partie de ses biens.

» Je donne et lègue à Mme. de Chimbaud, ma cousine,
» ladite somme de cinquante mille livres, qui ne lui sera
» payée qu'après le décès de madite épouse, à qui j'ai laissé
» l'usufruit de tous mes biens; lui enjoignant très-expressé-
» ment de ne rien faire qui puisse troubler madite épouse
» dans ladite jouissance, à peine de déchéance dudit legs;
» auquel cas, je veux qu'il soit révoqué par ce seul fait, et il
» demeurera restreint à la somme de cinq sols et une bourse;
» instituant, dans lesdits deux cas, madite cousine mon
» héritière particulière.

» Je donne à M. de Branne, frère de madite dame de

» Chimbaud, mon cousin germain, cinq sols et une bourse ;
» en quoi je l'institue mon héritier particulier. Ladite dame
» de Chimbaud n'ayant point accepté ledit legs, soit pour
» quelque raison à elle particulière, ou s'en trouvant déchue
» par quelques troubles à la jouissance de madite épouse,
» ledit legs passera sur la tête de monsieur son frère, aux
» mêmes conditions et peines que dessus. Et ledit sieur
» n'ayant point accepté ledit legs, ou ne pouvant le faire lors
» de mon décès, ou ayant encouru la déchéance dudit legs
» par les raisons ci-dessus, je donne à madite épouse, en
» toute propriété, le tiers de ladite somme de cinquante
» mille livres, et le reste à celui qui se trouvera alors le plus
» habile à succéder à madite mère.

» Quant à l'hérédité de mon père, il se trouve maintenant,
» pour la recueillir, M. de Sentout l'aîné, M. le chevalier de
» Sentout, son frère, chevalier de Malte non profès, Mme.
» de Vassal, sœur de mesdits sieurs de Sentout, et Mme. de
» Pontous, aussi sœur desdits sieurs de Sentout.

» Je nomme M. le chevalier de Sentout mon héritier par-
» ticulier, et je lui donne cinq sols et une bourse ; en quoi
» se borne ladite institution. Je lègue cinq sols et une bourse
» à Mme. de Poutons ; en quoi je l'institue mon héritière par-
» ticulière. Je laisse aussi à Mme. de Vassal cinq sols et une
» bourse ; en quoi je l'institue mon héritière particulière.

» Je nomme et institue pour mon héritier général et uni-
» versel, pour recueillir après le décès de mon épouse les
» biens dont je n'ai pas disposé ci-dessus, M. de Sentout

» l'aîné, suppléant aux députés de la noblesse aux états géné-
» raux, le priant, et lui enjoignant partant que de besoin,
» d'observer toutes mes volontés, et surtout le legs fait à ma-
» dite épouse de l'usufruit de tous mes biens sa vie durant,
» à peine de déchéance de ladite institution, laquelle passera
» audit cas, et tous ceux où ledit sieur pourroit n'être point
» nanti de mon hérédité à mon décès, sur la tête de Mme. de
» Vassal, aux mêmes conditions et peines; et en cas de dé-
» chéance ou tout autre, ainsi que dessus, encourue par
» ladite dame de Vassal, ladite institution passera sur la tête
» de Mme. de Pontous, aux mêmes conditions et peines que
» dessus; et lesdits cas ci-dessus venant à priver ladite dame
» de Pontous de ladite institution, elle passera sur la tête du
» chevalier de Sentout, aux mêmes conditions et peines que
» dessus; et ledit sieur ne pouvant être mon héritier à mon
» décès, dans les cas prévus ci-dessus, je donne à madite
» épouse le tiers des immeubles composant ma succession,
» et les deux autres tiers sur la tête de mes plus proches
» parents du côté de mon père; mais la tierce franche, quitte
» de tous frais, restera à madite chère épouse.

» J'ai relu le présent testament, après l'avoir écrit de ma
» main et l'avoir signé au bas de chaque page. Je veux que
» s'il ne peut valoir comme testament, il vaille comme codi-
» cile, et de la meilleure manière qu'il puisse valoir. *Signé*
» LOYAC, *testateur* ».

V̌u un mémoire a consulter, soumis au conseil par les héritiers de Mme. de Loyac;

Vu aussi le contrat de mariage de M. et de Mme. de Loyac;

Et enfin, le testament de M. de Loyac, en date du 9 Juin 1790;

LES SOUSSIGNÉS sont d'avis :

Que ce testament donne aux héritiers de Mme. de Loyac, 1°. la propriété des meubles, tant propres qu'acquêts, appartenant à M. de Loyac, et de ses immeubles acquêts;

2°. Le droit de réclamer des héritiers de M. de Loyac la somme de 16,666 fr. 6 s., formant le tiers du legs de 50,000 fr. fait en faveur de M. de Branne, et que ce dernier n'a pas recueilli;

3°. Le droit de demander le remboursement de sa dot sur les propres de M. de Loyac.

PREMIÈRE PROPOSITION.

Le testament confère à Mme. de Loyac la propriété des meubles, tant propres qu'acquêts, et celle des immeubles acquêts.

La vérité de cette proposition résulte, et des termes précis de la clause du testament relative à Mme. de Loyac, et du sens général de ce même testament.

Commençons par examiner la clause en elle-même.

Après avoir témoigné la reconnoissance que lui inspire la conduite de Mme. de Loyac, le testateur ajoute :

Je lui donne la propriété de tous mes biens acquêts, meubles ou censés meubles, entendant comprendre sous la dénomination de meubles, tout ce dont la loi me permet de disposer; priant ceux qui auront à prononcer sur le présent testament, de donner audit mot meubles l'acception la plus favorable aux intérêts de madite épouse.

Telle est la clause.

Examinons-la sous deux rapports : 1°. relativement aux meubles ; 2°. relativement aux immeubles acquêts.

Quant à l'universalité des meubles, tant propres qu'acquêts, il est difficile de se refuser à reconnoître l'intention du testateur ; car il l'a d'abord littéralement exprimée, et commentée ensuite de manière à lever tous les doutes, s'il pouvoit en rester.

Après avoir dit qu'il léguoit à Mme. de Loyac tous ses biens acquêts, il ajoute, *meubles ou censés meubles.*

Il divise, par la ponctuation, ces divers objets du legs, de manière qu'ils soient distincts et séparés.

C'est absolument comme si, après avoir légué tous ses biens acquêts, il ajoutoit, en outre tous ses biens meubles ou censés meubles.

L'expression littérale du legs porte donc sur ses biens meubles ou biens censés meubles.

Mais ce qu'il ajoute à cette clause, démontre de plus en plus que telle étoit son intention. Il déclare qu'il entend, *comprendre sous la dénomination de meubles, tout ce dont la loi lui permet de disposer.*

Il prie *ceux qui auront à prononcer sur le présent testament, de donner audit mot meubles l'acception la plus favorable aux intérêts de sadite épouse.*

Personne n'ignore quelles étoient les dispositions de la coutume, sous l'empire de laquelle M. de Loyac a fait son testament.

Elle permettoit au testateur de donner la totalité de ses meubles propres, ainsi que de ses acquêts, et le tiers de ses immeubles propres.

Après avoir déclaré qu'il donnoit à Mme. de Loyac tous ses biens acquêts et tous ses biens meubles ou censés meubles, M. de Loyac ajoute qu'il entend comprendre, sous cette dénomination de *meubles,* tout ce dont la loi lui permet de disposer.

Les soussignés ne prétendent pas faire dériver de cette clause, la conséquence que le testateur a donné à Mme. de Loyac le tiers de ses immeubles propres, quoique la loi lui permit d'en disposer; M. de Loyac a déclaré que ce n'étoit qu'aux meubles qu'il entendoit appliquer cette extension, à laquelle il n'a donné d'autres bornes que celles qu'imposoit la coutume : mais au moins est-il impossible de nier que, relativement aux meubles, elle doit avoir tout son effet, et que sa libéralité n'a eu à cet égard d'autre limite que celle de la loi.

Déclarer qu'en léguant tous ses biens meubles ou censés meubles, on entend comprendre dans ce legs tout ce dont la loi permet de disposer; statuer ainsi dans un pays où la loi permet de donner tous ses meubles, tant propres qu'acquêts, c'est décidément comprendre tous les meubles dont on a la disposition, dans la libéralité testamentaire.

Cette solution se présente si naturellement à l'esprit, qu'on a lieu d'être étonné qu'elle ait fait la matière d'un doute. Elle a pourtant été résolue d'une manière contraire à l'opinion des soussignés, dans une consultation qui leur a été communiquée; et le nom des jurisconsultes qui ont embrassé ce système, impose le devoir d'examiner avec soin les motifs sur lesquels ils se sont fondés.

Ils ne peuvent, on le sent assez, les puiser dans la clause elle-même; elle repousse une semblable interprétation; mais on a cru en trouver une explication dans la clause du testament qui suit immédiatement le legs fait à Mme. de Loyac.

Par cette clause, le testateur la dispense de faire inventaire public, et veut que son héritier se contente de l'état sous seing privé qui sera fait par elle.

On en conclut que puisque le testateur imposoit à Mme.

de Loyac l'obligation de faire un état; il ne lui léguoit pas la propriété de tous ses meubles; car autrement cet état se trouveroit inutile et superflu.

Cette objection est spécieuse; elle peut faire illusion un moment : toutefois, il faut le dire, elle n'a rien de solide; et un examen approfondi du testament, suffit pour le démontrer.

En effet :

D'après les auteurs de cette opinion, Mme. de Loyac n'auroit été légataire que des meubles acquêts.

Elle n'auroit eu aucun droit sur les meubles propres : ni droit de propriété, car c'est précisément celui qu'on lui refuse; ni droit d'usufruit, car le testament ne lui donne que l'usufruit des *biens immeubles*.

Dès-lors, et si le sens du testament étoit celui que ces jurisconsultes lui attribuent, elle n'eût pu être tenue à aucune faction d'état ni d'inventaire de meubles.

Elle n'en eût pas été tenue relativement aux meubles propres, car si ces jurisconsultes lui en disputent la propriété, il faut bien qu'ils conviennent qu'elle n'en a pas non plus l'usufruit; aucune clause du testament ne le lui accorde.

Ainsi, même dans leur système, la dispense de faire inventaire, et l'obligation de faire un état du mobilier, étoit une clause sans objet et superflue.

Sur quoi, en effet, dans le système qu'ils ont adopté, peuvent-ils faire porter l'obligation imposée à Mme. de Loyac de faire un état pour tenir lieu d'inventaire ?

Ce n'est pas, ce ne peut pas être sur les meubles acquêts ; ils conviennent qu'ils sont donnés en toute propriété à Mme. de Loyac.

Ce ne peut être non plus sur les meubles propres ; car, dans leur opinion, elle n'en a ni la propriété ni l'usufruit ; et dans ce cas, il eût été aussi étrange que superflu de la charger de faire un état de ces meubles, qui devenoient immédiatement la propriété de l'héritier, et dont il entroit immédiatement en jouissance, puisque, nous le répétons, aucune clause du testament n'en accordoit l'usufruit à Mme. de Loyac.

Ainsi, cette clause, bien loin de venir à l'appui de l'opinion que veulent établir les conseils des héritiers de M. de Loyac, est au contraire inconciliable avec leur système ; car, encore une fois, dans une hypothèse où tout le mobilier acquêt est donné à Mme. de Loyac, où tout le mobilier propre resteroit aux héritiers de M. de Loyac, sans don de propriété à sa femme, puisqu'ils le soutiennent ainsi, et sans don d'usufruit sur ce mobilier, puisque la clause du testament ne l'accorde que sur les immeubles, il ne pouvoit y avoir lieu, pour Mme. de Loyac, à faire ni inventaire ni état d'un mobilier quelconque.

Pour rétorquer l'argument, diroit-on que si la clause concernant l'inventaire ou état ne concorde pas avec l'opinion que nous combattons, elle est tout aussi inexplicable dans celle que nous soutenons ?

Nous répondons, en premier lieu, que quand cela seroit vrai, ce ne seroit pas une raison pour que cette clause détruisît le sens d'une disposition antérieure, claire, et certaine par elle-même; que cette clause ne seroit alors qu'insignifiante, et sans conséquence dans le testament : elle ne combattroit ni pour ni contre nous.

Nous répondons, en second lieu, qu'il n'est qu'une explication de cette clause qui puisse lui donner un sens raisonnable, et prêter à son application : c'est de reconnoître que M. de Loyac a entendu que Mme. de Loyac seroit tenue de faire un *état* des biens immeubles dont il lui laissoit l'usufruit, et non un inventaire des meubles dont il lui léguoit la propriété. Alors cette disposition a un objet, elle peut recevoir son application; ce qui est impossible dans tout autre système. Mais alors il faut aussi convenir que l'objection s'évanouit; car l'obligation de faire un état des immeubles soumis à l'usufruit, ne porte aucun obstacle à la donation de tous les meubles, que renferme le testament de M. de Loyac.

Les soussignés n'hésitent donc pas à déclarer que le legs fait à Mme. de Loyac porte sur la totalité des meubles, tant propres qu'acquêts, de M. de Loyac.

Passons maintenant au second point de vue sous lequel

ce legs doit être envisagé, savoir, celui de la propriété des acquêts immeubles.

———

Le testateur dit :

Je donne (à Mme. de Loyac) *la propriété de tous mes biens acquêts, meubles ou censés meubles.*

Ce legs comprend à la fois tous les biens acquêts, quelle que soit leur nature, tous les meubles, quelle que soit leur origine.

Le testateur commence par donner à son épouse la *propriété de tous ses biens acquêts.*

Cette expression générique comprend tous les biens acquêts sans exception, les immeubles comme les meubles ; car personne n'ignore cette maxime devenue triviale : *Qui dit* TOUT, *n'excepte rien.*

On essaie cependant de la restreindre à cette dernière espèce de biens, et de soutenir que le testateur n'a donné que les meubles acquêts.

On se fonde, pour adopter cette interprétation, sur ce que le mot *biens acquêts* est modifié par l'expression qui suit, *meubles ou censés meubles.*

On ajoute, que dans le système contraire, *censés meubles*

se trouve sans substantif; que pour le faire rapporter à quelque chose, il faut nécessairement le réunir au mot *biens*, sans quoi la phrase est incomplète.

S'il falloit s'en rapporter uniquement à la construction grammaticale pour apprécier l'étendue du legs, il seroit facile de répondre à cette objection, et de la réfuter.

En effet, le substantif se trouve dans ce mot *biens*, qu'a employé M. de Loyac : ce substantif est commun à tous les adjectifs qui le suivent.

Acquêts est même employé adjectivement dans la phrase, puisqu'il sert à modifier l'expression *biens*, dont se sert le testateur ; car, placé comme il est dans la disposition, il est évident que ce n'est pas comme substantif que M. de Loyac s'en est servi.

Je donne, a-t-il dit, *tous mes biens acquêts*. S'il se fût arrêté au mot *biens*, la disposition eût été générale ; elle eût compris les *propres* comme les *acquêts*. Il s'est servi de l'adjectif *acquêts*, qu'il a ajouté pour modifier sa première expression, et la restreindre à cette seule nature de biens.

Il l'étend ensuite, par un second adjectif, à tout ce qui est mobilier dans sa fortune, soit *propres*, soit *acquêts*, parce qu'en effet la coutume, qui lui permettoit la libre disposition de tous ses biens immeubles acquêts (faculté dont il vient de faire usage par la première clause), lui laissoit aussi le droit de disposer de ses meubles propres ; ce qu'il a fait par cette expression générale de biens *meubles ou censés meubles.*

La manière même dont le testateur a ponctué sa phrase, indique que la première disposition porte sur tous ses biens indistinctement : il sépare par une virgule ce mot de ceux qui suivent, pour indiquer que c'est une autre espèce de biens dont il va parler.

Nous reconnoissons avec les auteurs de la consultation dont nous combattons le système, qu'une virgule ne peut être une raison suffisante pour déterminer seule le sens d'une clause : mais puisqu'ils puisent eux-mêmes leur raison de décider, dans une critique purement grammaticale; puisqu'ils se fondent sur ce que, si l'on adoptoit notre opinion, les mots *censés meubles* se trouveroient, suivant eux, privés de substantif, il est bien permis de faire remarquer que la manière dont le testament est ponctué, ne peut se prêter au sens qu'ils lui donnent.

Cette critique, ainsi que nous venons de le remarquer, n'est pas fondée. Il faut bien reconnoître que le mot *acquêts* est un adjectif; que le substantif *biens* qui le précède, s'applique à tous les adjectifs qui suivent, et n'est employé une seule fois, que pour éviter une répétition qui paroîtroit choquante.

Ainsi, la clause, lue comme elle doit l'être, comme le commandent le bon sens et la grammaire, se réduit à ceci : Je donne à Mme. de Loyac *la propriété de tous mes biens acquêts, de tous mes biens meubles ou censés meubles.*

Au lieu de cela, les auteurs du système opposé lisent : Je donne à Mme. de Loyac *la propriété de tous mes biens acquêts, mais* SEULEMENT *de ce qui, dans ces biens, est meuble ou censé meuble.*

On peut facilement, en lisant la clause du testament, s'apercevoir quel est celui de ces deux sens qui est conforme à la saine raison comme à la grammaire.

Les soussignés ne se sont, au surplus, livrés à cette discussion des mots, que pour repousser les conséquences qu'on a voulu induire d'une dispute purement grammaticale; que pour démontrer qu'elle n'étoit pas fondée; car ce n'est pas seulement sur cette clause qu'ils fondent leur opinion; elle repose sur un motif d'une tout autre importance.

La première de toutes les règles, quand il s'agit d'interpréter les termes obscurs ou ambigus d'un testament, est de recourir à l'intention du testateur : c'est cette intention qu'il faut surtout pénétrer; car le testament n'est que l'écrit destiné à manifester et à consacrer sa volonté.

Cette intention doit surtout se chercher dans la teneur en entier du testament : c'est la combinaison de ses diverses dispositions, qui doit servir à expliquer ce que pourroient présenter d'ambigu les expressions dont il a fait usage dans une clause dont on cherche le sens.

« Comme les lois, dit Domat, liv. 3, tit. 1er., sect. 6,
» n. 5, permettent aux testateurs de disposer de leurs biens

3

» par un testament, il s'ensuit que la volonté du testateur
» y tient lieu de loi. Ainsi, la première règle de toute in-
» terprétation dans les testaments, est qu'il faut expliquer
» les difficultés par cette volonté même du testateur, autant
» que toute la teneur du testament et les autres preuves qu'on
» pourra en avoir la feront connoître, et qu'elle se trouvera
» juste et raisonnable, et n'aura rien de contraire aux lois
» et aux bonnes mœurs ; et c'est à cette première règle que
» se réduisent toutes les autres qui regardent l'interprétation
» des testaments ».

Telle est, en effet, la règle que les soussignés ont suivie pour déterminer clairement le sens de la clause sur laquelle ils étoient consultés ; et ils n'hésitent pas à dire qu'après avoir comparé entre elles les diverses clauses du testament de M. de Loyac, et pris ainsi une idée exacte de l'ensemble de ses dispositions, il n'est pas possible de se refuser à reconnoître que le legs fait à Mme. de Loyac comprend les acquêts immeubles.

Jetons, en effet, un coup d'œil sur cet acte de dernière volonté.

La première personne qui se présente dans l'ordre des affections du testateur, est son épouse ; elle est le premier objet des premières dispositions de M. de Loyac. Il déclare que pour *reconnoître la sage administration et les services qu'elle n'a cessé de lui rendre, il lui donne la propriété de tous ses biens acquêts, meubles ou censés meubles,* etc.

Il la dispense de faire inventaire, voulant que son héritier se contente de l'état qu'elle fera.

Il lui laisse la jouissance de tous ses biens immeubles pendant sa vie.

Il déclare ensuite avoir reçu pour sa dot une somme de 78,000 fr., qui sera payée à la succession de Mme. de Loyac, par l'héritier *qu'il va nommer*.

Le testateur passe ensuite à la distribution du surplus de ses biens, et il apporte une exactitude extrême à rendre à chaque branche des familles auxquelles il appartient, les sommes qu'il en a reçues.

Il reconnoît que son aïeule, Mme. de Penel, avoit reçu 36,000 fr. : il les lègue *à M. de Secondat, fils de l'auteur de l'Esprit des lois,* à la charge de respecter l'usufruit qu'il lègue à son épouse.

Dans le cas contraire, ce legs passe, aux mêmes conditions, à Mme. de Secondat, sa sœur : et faute par Mme. de Secondat de se conformer à ces conditions, *JE DONNE*, continue-t-il, *A MADITE ÉPOUSE LE TIERS DE LADITE SOMME DE TRENTE-SIX MILLE FRANCS, EN TOUTE PROPRIÉTÉ ET USUFRUIT*, et le reste à qui il appartiendra, c'est-à-dire, aux parents les plus près du chef de ladite dame de Penel.

Le testateur passe ensuite à ce qu'il a perçu du chef de Mme. de Branne, sa mère ; il reconnoît qu'elle n'a apporté dans sa famille qu'une somme de 50,000 fr.

Il la lègue à Mme de Chimbaud, sa cousine maternelle, à la charge de respecter l'usufruit de Mme de Loyac.

Dans le cas contraire, il lègue cette même somme à M. de Branne, frère de Mme de Chimbaud, aux mêmes conditions : *Et au cas où il n'accepte pas ou ne puisse accepter ce legs, je donne à madite épouse en toute propriété*, ajoute-t-il, LE TIERS DE LADITE SOMME DE CINQUANTE MILLE FRANCS, *et le reste à celui qui se trouvera le plus habile à succéder à madite mère.*

On voit avec quel soin M. de Loyac s'applique à rendre à chaque branche les sommes que sa famille en a reçues. Cette clause qu'il ajoute à chaque legs, *qu'au cas où il ne puisse valoir, il donne le tiers de ladite somme à son épouse,* démontre suffisamment qu'il considéroit chaque partie de sa succession comme un propre qu'il rendoit aux branches dont elle provenoit, se contentant d'en assurer le tiers à son épouse, si on contestoit les dispositions qu'il avoit déjà faites en sa faveur.

On voit en outre, que jusqu'ici cet homme si soigneux, si exact dans la distribution de son hérédité, n'a pas dit un mot de ses acquêts ; il n'en a parlé que dans le legs fait à Mme de Loyac ; mais quant aux autres dispositions, ce sont toujours les sommes qu'il a touchées de la famille de son aïeule et de celle de sa mère, qu'il leur restitue.

Il continue la distribution de ses biens.

QUANT A L'HÉRÉDITÉ DE MON PÈRE, *il se trouve main-*

tenant, pour la recueillir, M. de Sentout l'aîné, M. le chevalier de Sentout, son frère, chevalier de Malte non profès, Mme. de Vassal, sœur de mesdits sieurs de Sentout, et Mme. de Pontous, aussi sœur desdits sieurs de Sentout.

Il institue les trois derniers ses héritiers particuliers, et leur lègue cinq sols et une bourse, et il ajoute : *Je nomme et institue pour mon héritier général et universel, pour recueillir, après le décès de mon épouse, les biens dont je n'ai pas disposé ci-dessus, M. de Sentout l'aîné.*

Il lui enjoint de respecter le legs fait à son épouse; et au cas où il le querelle, il institue successivement Mme. de Vassal, Mme. de Pontous et le chevalier de Sentout, et il termine en ces termes :

Et au cas où il ne puisse être mon héritier, je donne et lègue à madite épouse LE TIERS DES IMMEUBLES COMPOSANT MA SUCCESSION, *et les deux autres tiers passeront sur la tête de mes plus proches parents du côté de mon père; mais* LA TIERCE FRANCHE ET QUITTE DE TOUS FRAIS *restera à madite chère épouse.*

Là se termine le testament. Maintenant que l'ensemble en est connu, il est facile d'en saisir l'esprit et le sens général.

Nous avons déjà remarqué que dans aucun des legs précédents, autres toutefois que celui par lequel le testateur donne les acquêts à Mme. de Loyac, il n'a été question de cette sorte de biens.

Dans cette dernière clause, il s'agit d'instituer un héritier général et universel; mais le testateur indique, avant d'arriver à cette institution, quels sont les biens qu'il l'appelle à recueillir.

Quant a l'hérédité de mon père, *il se trouve maintenant pour la recueillir.....*

Ce n'est qu'après avoir disposé des acquêts en faveur de sa femme, après avoir disposé de la somme de 36,000 fr. qu'il a reçue de son aïeule, et qu'il rend aux plus proches parents de cette dernière; de la somme de 50,000 fr. qu'il a reçue de sa mère, et qu'il rend à la famille Branne, dont elle étoit issue; ce n'est, disons-nous, qu'après toutes ces dispositions qui ne laissent entre ses mains que les propres paternels, qu'il institue un héritier, et cet héritier, il l'appelle à la succession de son père, en déclarant qu'il ne lui reste plus que cette sorte de biens à régler : Quant a l'hérédité de mon père, *il se trouve maintenant pour la recueillir.....*

Il est impossible de se dissimuler que le testateur reconnoissoit formellement, en passant à cette dernière clause de son testament, qu'il avoit déjà disposé de tous ses biens, autres que l'hérédité de son père; qu'il avoit distribué toute sa fortune, excepté ses propres paternels; et cela est si vrai, qu'après avoir dit comme une explication préliminaire de l'institution qu'il va faire, *quant à l'hérédité de mon père, il se trouve maintenant pour la recueillir.....*, il ajoute qu'*il institue M. de Sentout pour recueillir les biens dont il n'a pas disposé ci-dessus.*

Il a donc, dans les clauses précédentes, disposé des autres biens ; il a donc distribué à ceux qui étoient l'objet de son affection, tous ses biens autres *que les biens provenant de l'hérédité de son père* ; ses acquêts immeubles ont donc déjà, suivant lui-même, fait partie des libéralités qu'il a sanctionnées par ses dispositions; car l'institution de M. de Sentout est annoncée par un préambule dont le sens est trop évident pour qu'on puisse prétendre que son institution porte sur d'autres biens que sur l'hérédité provenant du père du testateur.

Encore une fois, qu'on ne perde pas de vue ce rapprochement. Le testateur, dans cette dernière partie de son testament, déclare que c'est de l'hérédité de son père, c'est-à-dire, de ses propres paternels, qu'il va disposer, et que c'est en faveur de la famille de Sentout, dans laquelle il préfère M. de Sentout l'aîné. Il porte, en effet, l'institution sur lui, en disant que c'est *pour recueillir les biens dont il n'a pas disposé ci-dessus*.

Il déclare donc, d'une part, que ce ne sont que ses propres paternels qu'il lui donne ;

D'autre part, que ce sont là tous les biens dont il n'a pas disposé ci-dessus.

Donc, il avoit déjà disposé de tout ce qui n'étoit pas propre paternel ;

Donc, il avoit déjà disposé de tous ses acquêts.

Or, il n'avoit parlé de ses acquêts que dans le legs fait à sa femme.

Donc, le legs fait à sa femme embrasse tous ses acquêts.

En un mot, il faut, ou prétendre que le testateur a laissé ses acquêts sans en disposer, ou reconnoître qu'il en avoit déjà disposé.

Qu'il les ait laissés sans en disposer, c'est ce qui n'est pas soutenable, soit d'après ce qui vient d'être dit, soit d'après le soin avec lequel M. de Loyac rend à chaque famille les sommes qu'elles ont apportées dans sa maison. L'exactitude avec laquelle il suppute ce qu'il a reçu pour le leur rendre, la justice et la justesse avec laquelle il établit cette distinction, tout proscrit l'idée qu'il ait pu laisser une partie considérable de sa fortune, sans en régler le sort par son testament.

On est donc forcé de reconnoître qu'il a disposé de cette portion de sa fortune : or, évidemment ce ne peut être par la dernière clause de son testament qu'il en dispose ; il a soin même de prévenir du contraire par ces mots placés en tête de l'institution générale d'héritier : Q*uant a l'hérédité de mon père*, *il se trouve maintenant pour la recueillir,* etc.

Mais s'il faut chercher dans les clauses précédentes la disposition relative aux acquêts immeubles, où la trouver, si ce n'est dans le legs fait à Mme. de Loyac, à laquelle, pour la récompenser de sa sage administration et des services qu'elle n'a cessé de lui rendre, il donne la propriété de tous ses biens acquêts ?

Aucune autre clause du testament ne parle des acquêts; c'est la seule disposition où il en soit fait mention; il n'en est question qu'une seule fois dans son testament, et c'est pour donner la propriété de tous ses biens acquêts à Mme. de Loyac.

Il faut donc reconnoître que cette clause contient un legs de tous les acquêts, tant immeubles que meubles, et que c'est aller contre le sens du testament, que de chercher à le restreindre aux seuls meubles acquêts.

D'autres considérations viennent encore se joindre à cette démonstration, puisée dans la comparaison des clauses du testament.

Il n'est personne qui ignore, ainsi que nous l'avons dit, les dispositions de la coutume et la prohibition qu'elle renfermoit de donner par testament certaine espèce de biens.

Les deux tierces des propres immeubles étoient assurées aux parents de la ligne. (Art. 60).

En combinant cette disposition du statut avec le testament de M. de Loyac, il se présente à l'esprit une réflexion aussi frappante que naturelle.

M. de Loyac regardoit comme soumis à l'empire de la coutume, tous les biens dont il disposoit par les clauses qui, dans son testament, concernent M. de Secondat, M. de Branne et M. de Sentout. Il paroît clairement que telle étoit son opinion.

Il sentoit que ses héritiers pouvoient quereller la clause de son testament, par laquelle il léguoit à Mme. de Loyac l'usufruit de ses biens, parce que cet usufruit portoit sur des propres, dont la jouissance devoit passer à ses héritiers immédiatement après son décès.

Aussi le voit-on sans cesse stipuler que si cet usufruit est querellé, il donne à Mme. de Loyac le tiers de la chose léguée à celui qui querellera sa disposition; et il ne trouve que ce moyen d'assurer à son épouse la jouissance de cet usufruit.

Si, au contraire, comme le prétendent les partisans de l'opinion opposée à la nôtre, les acquêts immeubles ne faisoient pas partie du legs fait à Mme. de Loyac; si le testateur les avoit compris dans l'institution générale faite en faveur de M. de Sentout, comment M. de Loyac auroit-il été réduit, pour assurer l'usufruit de sa femme, à priver M. de Sentout, au cas où il querellât cette disposition, de la tierce seulement *de l'hérédité délaissée par son père ?*

Dans cette hypothèse, il restoit à M. de Loyac un moyen beaucoup plus efficace pour assurer l'usufruit légué à son épouse, et ce moyen se présentoit naturellement; c'étoit de priver ce même héritier de la propriété de tous ses acquêts et de la tierce des propres.

M. de Loyac, si soigneux d'assurer l'usufruit légué à son épouse, de la garantir de toute querelle de la part de ceux à qui la loi assuroit ses propres, si jaloux d'établir en sa faveur cet avantage que chacun des legs qu'il fait par son testament est accompagné d'une clause par laquelle il donne à son épouse, au cas où on lui dispute l'usufruit, le tiers de l'objet légué, jamais plus, jamais moins, M. de Loyac n'auroit pas manqué d'adopter ce nouveau moyen d'assurer ainsi cette disposition sujette à être contestée.

Il ne l'a pas fait, et la raison en est simple ; c'est que dans son opinion, qui est la nôtre, il avoit déjà légué à Mme. de Loyac la propriété de tous ses acquêts ; que par conséquent, il ne pouvoit se servir de ce motif pour faire la loi à ses héritiers naturels ; qu'il étoit réduit, pour assurer le legs de l'usufruit, à les priver du tiers des propres, dont il pouvoit en effet disposer, et qui, par la clause déjà écrite en faveur de son épouse, étoit réellement la seule chose dont il eût encore la libre disposition en terminant son testament.

Voilà pourquoi on le voit à chaque legs occupé de déclarer que si le légataire querelle l'usufruit de Mme. de Loyac, il lègue à celle-ci *le tiers de l'objet légué;* voilà pourquoi, dans la clause relative à M. de Sentout, que la loi appelle à recueillir son hérédité paternelle, il déclare qu'au cas où il inquiéteroit son épouse à raison des avantages qu'il lui fait, il laisse à Mme. de Loyac *le tiers des immeubles composant sa succession.*

Les termes mêmes dans lesquels cette dernière disposition est exprimée, démontrent que le testateur n'entendoit comprendre dans cette institution que ses propres paternels ; car, après avoir dit que dans ce cas les deux autres tiers passeront sur la tête de ses plus proches parents du côté de son père, il ajoute :

Mais la tierce franche et quitte de tous frais restera à madite chère épouse.

Cette tierce franche et quitte de tous frais, seule quotité dont, suivant la coutume, on peut disposer par testament en ce qui touche les propres, ne permet pas de douter que l'institution faite au profit de M. de Sentout, ne fût, dans l'intention du testateur, bornée aux propres provenant de son père, et que par conséquent ses acquêts immeubles fussent déjà légués à Mme. de Loyac.

Cette clause prouve donc tout à la fois, et que M. de Loyac n'a pas compris ses acquêts dans l'institution de M. de Sentout, puisqu'il n'auroit pas manqué de l'en priver au cas où il viendroit à quereller le don d'usufruit fait à sa femme, et que ces acquêts étoient déjà légués à Mme. de Loyac, puisque, dans le cas contraire, il avoit ce moyen qui se présentoit naturellement pour assurer le legs d'usufruit qu'il lui avoit déjà fait.

Ajoutons enfin, qu'en adoptant le système contraire, on combat de la manière la plus formelle l'intention bienfaisante du testateur, manifestée par les termes dont il s'est servi.

On a vu qu'il déclare faire don à son épouse de la propriété *de tous ses biens acquêts, pour reconnoître la sage administration et les services qu'elle n'a cessé de lui rendre.*

Or, si on réduit ce don *de tous les biens acquêts* aux

seuls meubles acquêts, il est de fait que le témoignage de la bienveillance de M. de Loyac envers son épouse, se borne au legs de quelques meubles qui ne valent pas 300 fr.

Quand on arrive à un résultat aussi évidemment contraire au motif indiqué par un testateur, il est clair qu'on contrarie sa volonté, et qu'on donne à ses expressions un sens qu'il n'a pu y attacher.

Tout se réunit donc ici pour démontrer que le legs fait à Mme. de Loyac comprend les immeubles acquêts comme les meubles propres :

Les expressions dont s'est servi le testateur ;

Le motif qui l'a guidé dans ses dispositions ;

Et la combinaison de cette clause avec les autres dispositions que renferme le testament ; dispositions qui toutes concourent à démontrer qu'après avoir fait ce legs à M. de Loyac, il reconnoissoit lui-même avoir déjà donné ses acquêts immeubles ;

Ce résultat est, comme on le voit, la conséquence de la combinaison de toutes les clauses du testament ; et cette conséquence est, suivant le judicieux Domat, la règle la plus sûre pour parvenir à l'interprétation de ces sortes d'actes, *ou plutôt c'est à cette seule règle que se rapportent toutes les autres.*

Après avoir ainsi exposé les raisons qui ont déterminé

l'opinion des soussignés, il est nécessaire de peser les objections qu'on leur oppose, et les motifs qui ont entraîné les auteurs de la consultation en faveur des héritiers de M. de Loyac, à embrasser un système contraire.

Le premier est pris de cette discussion grammaticale à laquelle les soussignés ont déjà répondu ; de cette observation que dans notre manière de voir l'expression *censés meubles* se trouve sans substantif auquel elle puisse se rapporter. Les soussignés ne répéteront pas ce qu'ils ont déjà dit à cet égard ; ils ont démontré que dans la phrase telle qu'elle est construite, *acquêts, meubles ou censés meubles*, étoient trois adjectifs, qui tous se rapportoient au seul substantif *biens*, dont ils servent à étendre ou modifier le sens, suivant leurs diverses acceptions.

Une autre objection est prise dans le don d'usufruit fait par M. de Loyac à son épouse. On fait remarquer que, d'après ses expressions, cet usufruit lui est accordé sur tous *les immeubles de M. de Loyac* ; que cette expression comprend à la fois et les immeubles propres et les immeubles acquêts ; et on en conclut, que dès-lors il n'avoit pas entendu léguer la propriété de ces derniers ; car alors l'usufruit n'eût pas porté sur tous les *immeubles*, mais seulement sur les *immeubles propres*.

Cette objection est sans aucune influence, soit en fait, soit en droit.

Et d'abord, en fait.

Toute la force de cette objection repose sur cette supposition, qu'en léguant à Mme. de Loyac l'usufruit de tous ses immeubles, M. de Loyac a compris dans cette disposition l'usufruit des acquêts comme l'usufruit des propres. C'est de cette supposition qu'on veut conclure qu'il ne lui avoit pas déjà légué la propriété de ces mêmes acquêts.

Or, il est évident que cette supposition est fausse. Il est clair qu'en léguant à sa femme l'usufruit de tous ses immeubles, M. de Loyac n'a pu vouloir parler que de ses immeubles propres, et nullement de ses immeubles acquêts.

Nous disons que cela est évident ; et une clause de son contrat de mariage, dont il n'a pas été parlé jusqu'à présent, le démontre. M. de Loyac ne pouvoit pas léguer par testament l'usufruit de ses acquêts ; cet usufruit n'étoit plus dans ses mains une chose disponible ; il étoit déjà assuré à Mme. de Loyac, par une clause formelle de son contrat de mariage : *L'usufruit des acquêts*, y est-il dit, *est, dans tous les cas, réservé au survivant desdits époux*.

M. de Loyac ne pouvoit donc, en léguant à sa femme l'usufruit de tous ses immeubles, entendre parler de l'usufruit des acquêts ; car, si sa femme lui survivoit, elle en avoit l'usufruit par une clause du contrat de mariage ; et si elle ne lui survivoit pas, le legs qu'il lui auroit fait par testament devenoit caduc, et par conséquent sans effet.

Cette seule observation suffit pour démontrer que cette objection n'a aucune force ; que les conséquences qu'on en induit sont fausses. Toutes ces conséquences reposent sur cette supposition, que M. de Loyac, en léguant à sa femme l'usufruit de tous ses immeubles, a entendu parler de l'usufruit des acquêts comme de l'usufruit des propres. C'est de cette supposition qu'on induit que puisqu'il lègue l'usufruit des acquêts, il n'en avoit pas déjà légué la propriété. Or, tout ce système tombe, et l'objection s'évanouit, dès qu'on fait remarquer que M. de Loyac n'a pu, dans cette clause, comprendre l'usufruit des acquêts, et cela, par la plus forte de toutes les raisons, c'est qu'il n'avoit pas la libre disposition de cet usufruit, déjà assuré à Mme de Loyac par une clause formelle du contrat de mariage.

Mais, en droit, et indépendamment de ce qui résulte du contrat de mariage, cette objection n'eût pu conduire aux conséquences auxquelles on essaie d'arriver.

Le don de l'usufruit des acquêts n'eût pu porter la moindre atteinte au legs de la propriété de ces mêmes acquêts, déjà fait en faveur de Mme de Loyac par une clause précédente.

C'est ce qui résulte de la disposition de plusieurs lois Romaines et du sentiment des commentateurs les plus estimés.

Voët, sur le titre du digeste *de usufructu*, n°. 11, s'explique sur cette question en ces termes :

Si ab initio testator non dixerit se usumfructum, sed se BONA *Titio relinquere, etsi posteà addiderit ea à Titio quamdiù vixerit possidenda esse, Titiumque aut nullomodò aut non nisi necessitate urgente licentiam alienandi habiturum; clausula illa..... non impediet quominùs* PROPRIETAS LEGATA CENSEATUR, *quippe quæ ab initio data (dùm bona relinquebantur) videri non potest adempta ex eo quod alienandi potestas vel adimitur posteà, vel restringitur, neque etiam ex clausulá possidendi quamdiù vixerit, aut simili.*

Voët cite, à l'appui de son opinion, la loi 15, §. *de auro et argento legatis;* on peut y ajouter aussi la loi 12, ff. *de usufructu earum rerum.*

Tel est aussi, sur cette question, le sentiment de M. Merlin, qu'on peut consulter dans ses questions de droit, tom. 5, pag. 42, édition de 1810.

Il est donc certain que, soit en fait, soit en droit, la seule objection qu'on puisse faire à l'opinion qu'embrassent les soussignés, est sans aucune influence, et ne peut conduire les partisans du système opposé, aux conséquences qu'ils voudroient en induire.

Il faut donc reconnoître que les raisons qui déterminent les soussignés à déclarer que le legs fait à Mme. de Loyac contient la donation de la propriété des immeubles acquêts, restent dans toute leur force, et ne sont combattues par aucune objection qui puisse soutenir l'examen et la discussion.

SECONDE PROPOSITION.

Les héritiers de Mme. de Loyac sont fondés à demander à la succession de M. de Loyac la somme de 16,666 liv. 6 s., formant le tiers du legs de 50,000 fr. en faveur des héritiers de M. de Branne, et que ce dernier n'a pas recueilli.

M. de Loyac a légué à Mme. de Chimbaud une somme de 50,000 fr.

Au cas où elle ne pût la recueillir, il a voulu que M. de Branne, son frère, la reçût.

Et prévoyant le cas où ce dernier ne pourroit recevoir ce legs, il a ajouté :

Et ledit sieur n'ayant pas accepté ledit legs, ou ne pouvant le faire lors de mon décès, ou ayant encouru la déchéance dudit legs par les raisons ci-dessus, je donne à madite épouse, en toute propriété, le tiers de ladite somme de 50,000 fr.

C'est là évidemment une condition apposée par le testateur.

Cette condition est textuelle ; le testateur y a attaché un effet que personne ne peut anéantir.

Il faut, pour que Mme. de Loyac soit privée du tiers de la somme de 50,000 fr., que M. de Branne puisse recueillir et recueille en effet le legs de 50,000 fr.

Il faut qu'il en ait et la capacité et la volonté à l'époque de la mort du testateur.

Cela posé, examinons si réellement M. de Branne a pu recueillir et a recueilli le legs de 50,000 fr.

M. de Loyac a péri sous l'empire de la loi du 17 Nivôse an 2.

A cette époque, M. de Branne se trouvoit appelé par cette même loi à recueillir, en *qualité d'héritier*, la moitié de sa succession.

La même loi qui l'a appelé à recueillir cette partie de la succession, lui a défendu d'accepter le legs particulier que contenoit en sa faveur le testament de M. de Loyac.

Il ne peut même l'accepter, en le réduisant, par contribution avec les autres legs, au sixième des legs du testateur; car l'art. 16 de la loi du 17 Nivôse, porte expressément que la faculté de disposer du sixième de son bien, n'est accordée qu'à l'égard *d'autres que des personnes appelées par la loi au partage des successions.*

Aussi M. de Branne ne prétend-il pas recueillir le legs de 50,000 fr.; il se présente comme héritier de M. de Loyac, et réclame sa portion héréditaire.

Ainsi, les deux conditions désignées par le testateur comme donnant naissance au droit de Mme. de Loyac pour réclamer le tiers de la somme de 50,000 fr., se trouvent réunies :

1°. M. de Branne n'a pas accepté le legs de 50,000 fr.;

2°. Il ne pouvoit l'accepter.

Le testateur a déclaré formellement que si M. de Branne n'accepte point le legs à *l'époque de son décès,* il donnoit le tiers de cette somme à Mme. de Loyac.

Il est manifeste qu'à l'époque de la mort de M. de Loyac, M. de Branne ne pouvoit accepter ce legs ; il est clair qu'il ne l'a pas recueilli.

Donc, la condition stipulée au profit de Mme. de Loyac est avenue ; ses héritiers ont le droit de réclamer cette somme que le testateur lui a donnée et qu'il pouvoit lui donner.

Vainement diroit-on, pour repousser cette conséquence, que M. de Branne est héritier de M. de Loyac, qu'il recueille dans sa succession une portion d'une valeur bien supérieure aux 50,000 fr. qui lui étoient légués, et qu'il trouve, dans cette portion héréditaire, une quotité proportionnelle des 50,000 fr. qui lui étoient légués. Ce n'est pas la valeur de sa portion héréditaire qu'il faut considérer, c'est le titre auquel le testateur a voulu qu'il recueillît les 50,000 fr. qu'il lui laissoit.

Les conditions, dit Domat, liv. 3, t. 1er., sect. 8, *ne se* divisent pas de sorte qu'un héritier ou un légataire puisse prétendre se contenter d'une partie de ce qui lui est donné, en ne satisfaisant qu'à une partie de la condition qui lui est imposée ; il ne peut rien avoir, s'il n'accomplit en entier la condition.

La condition sous laquelle cette somme étoit donnée à Mme. de Loyac, n'étoit pas que M. de Branne ne pût rien recueillir, à quelque titre que ce fût, dans la succession, mais que M. de Branne ne fût pas capable de recevoir ou ne reçût pas en effet le legs de 50,000 fr. Il suffit donc qu'au moment de la mort de M. de Loyac, M. de Branne n'ait pas eu droit à recevoir ce legs exclusivement aux autres héritiers, ou qu'il ne l'ait pas accepté, pour que, par cela seul, la condition favorable à Mme. de Loyac se trouve accomplie.

C'étoit là une de ces conditions du genre de celles dont parlent les lois Romaines, *de præsente aut præterito*; de celles qui doivent être vérifiées au moment où s'ouvre le legs, sans quoi il est caduc. (Toullier, vol. 6, pag. 740). Et dès qu'il est vérifié que M. de Branne n'a pas accepté et n'a pu accepter le legs de 50,000 fr., il est devenu caduc, et celui qui a été fait dans ce cas a eu toute sa force.

Il faut donc reconnoître que les héritiers de Mme. de Loyac sont fondés à réclamer de ceux de M. de Loyac le tiers de cette somme de 50,000 fr., parce que la condition sous laquelle ce legs lui a été fait, est arrivée et a reçu son accomplissement.

TROISIÈME PROPOSITION.

Les héritiers de Mme. de Loyac sont fondés à demander le remboursement de sa dot sur les propres de M. de Loyac.

Au moyen des résultats que nous avons déjà obtenus, la démonstration de cette troisième proposition ne sera ni longue ni difficile.

Nous avons établi, dans notre première proposition, que M. de Loyac avoit légué à Mme. de Loyac la propriété de tous ses biens acquêts; que ce legs comprenoit tout à la fois et les meubles et les immeubles.

Si M. de Loyac a voulu que ce legs tînt lieu à Mme. de Loyac du remboursement de sa dot, et qu'elle ait acquiescé à cette disposition, ses héritiers n'auront pas le droit d'en demander le remboursement.

Si, au cas contraire, outre et par-dessus cette disposition, cette libéralité qu'il exerce à son égard, il a voulu que la dot lui fût remboursée, il faudra bien convenir que ce remboursement ne pourra avoir lieu que sur les propres qu'il laisse à son héritier.

Or, après avoir donné à sa femme *la propriété de tous ses biens acquêts*, M. de Loyac ajoute :

J'ai reçu pour la dot de madite épouse la somme de 78,000 fr., laquelle sera payée, après la mort de ladite dame, à son hérédité par mon héritier ci-après nommé, ou par celui qui sera alors nanti de mon hérédité.

M. de Loyac entend donc et décide formellement que, outre le legs de la propriété de tous ses biens acquêts et de tous ses meubles, son épouse reçoive encore de ses héritiers le montant de sa dot, que lui-même déclare s'élever à 78,000 fr.

A la vérité, il veut que ce paiement n'ait lieu qu'à la mort de Mme. de Loyac, et la raison en est simple; c'est que, laissant à sa femme l'usufruit de tous ses propres et la propriété de tous ses acquêts, il lui paroissoit trop onéreux de grever son héritier du remboursement de 78,000 fr., dans un moment où il n'auroit recueilli que la nue propriété, dépouillée de toute jouissance.

Mais sa volonté bien clairement manifestée, est que cette somme soit payée aux héritiers de Mme. de Loyac, *par son héritier ci-après nommé.*

Quel est cet héritier ci-après nommé?

C'est M. de Sentout, celui que le testateur institue, par une clause expresse, son héritier général et universel.

Mais ici les termes mêmes de cette institution concourent à

démontrer que la somme de 78,000 fr., montant de la dot, doit être payée sur les propres de M. de Loyac.

Rappelons-nous, en effet, qu'après avoir rendu à chaque famille qui lui étoit alliée par le sang, les sommes qu'il en avoit reçues, et par préliminaire de l'institution d'héritier, M. de Loyac désigne d'une manière expresse quels sont les biens qu'il va lui transmettre, par ces expressions remarquables :

QUANT A L'HÉRÉDITÉ DE MON PÈRE, *il se trouve maintenant, pour la recueillir, M. de Sentout l'aîné, etc.....; je l'institue mon héritier général et universel, pour recueillir, après le décès de madite épouse, tous les biens dont je n'ai pas disposé ci-dessus.*

C'est donc cet héritier qu'il institue, qu'il appelle quant à l'hérédité de son père, qu'il charge nommément de rembourser à la succession de Mme. de Loyac les 78,000 fr., montant de la dot qu'il a reçue de cette dernière.

C'est donc sur les propres, qu'il entend que cette somme soit payée, puisqu'il charge de la rembourser celui à qui il ne laisse que les biens dont il n'a pas disposé, celui qu'il n'appelle qu'à recueillir la succession de son père.

Examinons maintenant les objections au moyen desquelles on essaie d'écarter ces conséquences.

On fait remarquer qu'en règle générale, la dot est une

charge des acquêts, et que c'est par prélèvement sur ce genre de biens, qu'elle doit être remboursée.

Cette observation seroit juste, s'il étoit question d'examiner, dans l'absence de toutes dispositions, sur quels biens la dot doit être prise ; mais elle n'est d'aucune importance lorsqu'il s'agit d'apprécier la clause par laquelle le testateur a statué sur ce point particulier.

Le testateur avoit la libre disposition du tiers des propres au moment où le testament a été fait ; il pouvoit tout aussi bien grever ce tiers des propres du remboursement de la dot, que donner en entier ce tiers de libre disposition entre ses mains ; il suffisoit, pour que sa volonté eût tout son effet sous l'empire de la coutume, que le remboursement de la dot n'excédât pas le tiers des propres, ce qui, dans l'espèce, est incontestable : il a pu le faire, et il l'a fait.

Sa volonté doit d'autant plus être exécutée, qu'au moment de sa mort, auquel il faut se reporter pour juger de l'étendue de son pouvoir dans la distribution de ses biens, il pouvoit disposer en faveur de sa femme de la totalité de sa fortune, puisqu'il est mort sous l'empire de la loi du 17 Nivôse an 2, et qu'il n'a pas laissé d'enfants.

Les auteurs de la consultation, dont nous ne pouvons adopter le système, reconnoissent que s'il existoit une clause formelle qui mît la restitution de la dot à la charge des propres, il faudroit bien l'exécuter ; mais ils se refusent à voir cette clause dans le testament de M. de Loyac, qui, disent-ils, ne présente pas même un doute sur ce point.

Cette conséquence dérivoit nécessairement du système qu'ils ont adopté sur le legs des acquêts, parce que le restreignant aux seuls biens meubles, l'héritier, dans ce cas, recueilloit les immeubles acquêts; encore eût-il fallu, dans cette opinion, reconnoître que la seule moitié des acquêts qui revenoit à l'héritier de M. de Loyac, étoit exclusivement grevée de la restitution de la dot, puisque le testateur charge nommément *l'héritier qu'il va nommer*, de la rembourser sur les biens qu'il va recueillir.

Mais les soussignés ayant déjà démontré, dans leur première proposition, que le legs fait à Mme. de Loyac comprend les acquêts immeubles comme les meubles propres et acquêts, l'opinion de ces jurisconsultes sur la restitution de la dot, tombe et demeure sans fondement.

Si Mme. de Loyac recueille la totalité des acquêts par la force de la disposition faite en sa faveur, ainsi que les soussignés l'ont prouvé, l'héritier qui demeure seul et nommément chargé du remboursement de la dot, doit la payer sur la portion de la succession qui lui échoit.

Adopter une conséquence contraire, seroit la violation d'une des clauses du testament; car, ou on déclareroit que les acquêts n'appartiennent pas à Mme. de Loyac, et ce seroit violer la clause qui lui donne la propriété de *tous les biens acquêts;* ou on feroit supporter à ces mêmes acquêts le remboursement de la dot, et ce seroit violer alors la clause par laquelle le testateur a déclaré que cette dot seroit payée aux héritiers de Mme. de Loyac, par *l'héritier qu'il instituoit.*

Il résulte donc, comme conséquence nécessaire de la combinaison de ces deux clauses du testament, que l'héritier institué par M. de Loyac, et chargé par lui expressément de rembourser la dot à la succession de Mme. de Loyac, doit opérer ce paiement sur les biens qu'il recueille par l'effet de l'institution, c'est-à-dire, sur les biens, déduction faite et des acquêts meubles et immeubles, et des meubles propres, déjà légués à Mme. de Loyac.

Les changements survenus dans la position de cet héritier, et dans les droits que lui confère le testament, ne sont d'aucune influence dans cette quotité. M. de Sentout recueillera seul cette succession, ou d'autres seront appelés par la loi à la partager avec lui, peu importe aux héritiers de Mme. de Loyac. Ce qui reste de la succession, déduction faite des legs, a été grevé de cette charge par le testateur, qui en avoit le droit : c'est la succession, quels que soient les héritiers, qui doit l'acquitter.

L'opinion des soussignés est donc que les héritiers de Mme. de Loyac sont fondés à réclamer, ainsi qu'ils l'ont avancé en commençant cette discussion,

Premièrement, la totalité des acquêts meubles et immeubles, ainsi que la totalité des meubles propres;

Secondement, une somme de 16,666 liv. 6 s., pour le tiers du legs fait à M. de Branne;

Troisièmement, le remboursement de la somme de 78,000 fr., montant de la dot qu'avoit apportée Mme. de Loyac.

Délibéré à Bordeaux, le 21 Mars 1818.

DENUCÉ. Pascal BUHAN. L. DE SAGET.

www.ingramcontent.com/pod-product-compliance
Lightning Source LLC
Chambersburg PA
CBHW070711050426
42451CB00008B/601